novum pro

# Mein Leben als Indigoseele

Esther Butwil

www.novumverlag.com

Bibliografische Information
der Deutschen Nationalbibliothek:

Die Deutsche Nationalbibliothek
verzeichnet diese Publikation in
der Deutschen Nationalbibliografie.
Detaillierte bibliografische Daten
sind im Internet über
http://www.d-nb.de abrufbar.

Alle Rechte der Verbreitung,
auch durch Film, Funk und Fernsehen,
fotomechanische Wiedergabe,
Tonträger, elektronische Datenträger
und auszugsweisen Nachdruck,
sind vorbehalten.

© 2016 novum Verlag

ISBN 978-3-99048-345-9
Lektorat: Volker Wieckhorst
Umschlagfoto:
Dunca Daniel | Dreamstime.com
Umschlaggestaltung, Layout & Satz:
novum Verlag

Die Namen der im Buch genannten
Personen wurden aus Datenschutz-
gründen geändert.

Gedruckt in der Europäischen Union
auf umweltfreundlichem, chlor- und
säurefrei gebleichtem Papier.

www.novumverlag.com

Wie alles begann, weiß ich nicht mehr genau, ich weiß nur, daß ich mich schon immer „nicht von dieser Welt" gefühlt habe. Fremd, einsam und mißverstanden. Es begann bereits in meiner Kindheit, als ich diese Empfindungen hatte, nicht dazuzugehören, anders zu sein. Ein Gefühl der Fremde, und da war eine unbeschreibliche Sehnsucht nach den Sternen oder nach dem Ursprung des Universums, Fragen wie: Woher kommt das Weltall? Was ist da oben? Wher kommen wir? Woher kommt das Universum, wer hat es geschaffen? Solche Fragen taten sich auf, doch ich bekam keine Antwort von meiner Mutter. Die habe ich nämlich danach gefragt. Ich weiß auch nicht mehr, was sie überhaupt darauf geantwortet hat. Das war sehr unbefriedigend.

Jedenfalls hat mir das den Kopf zerbrochen. Es waren immer die gleichen Fragen und Gedanken, die ich selbst abends mit ins Bett nahm. Sehnsüchtig blickte ich immer wieder in den Himmel. Irgendwann habe ich dann damit aufgehört zu fragen und zu grübeln, weil ich merkte, ich bekam doch keine befriedigende Antwort.

Dennoch merkte ich: da war mehr. Und daß ich mich komisch fühle, habe ich schon als Kleinkind bemerkt. Ich kam nie wirklich aus mir heraus. Ich hatte oft Gedanken wie: mit mir stimmt was nicht. Eines Abends erzählte mir meine Mutter von meiner Geburt, ich war ja genau am 25. 12. geboren, also ein Christkind. Das freute meine Mutter so sehr, daß sie Tränen in den Augen bekam, als sie es mir erzählte. Dann erzählte sie mir auch wie sie auf die Idee kam, mich „Esther" zu nennen und was der Name bedeutete. Er kam aus der Bibel, war Alt-Persisch und bedeutete übersetzt „Stern". Da wußte ich auch, warum sie mich immer Stern nannte. Als ich das erfuhr, fühlte ich mich noch fremder und wußte, ich war nicht von der Erde.

Ich fühlte mich verletzbar, keiner in meiner Familie wußte, wie es in mir aussieht, ich habe es ja auch nicht gezeigt, außer vielleicht durch meinen Unmut. Ich konnte das Leben nicht begreifen. Oft kam es vor, daß ich schlafwandelte, zuvor träumte ich, daß ich fliegen kann zu den Sternen ins Universum. Plötzlich stand ich wie in Trance auf dem Schreibtisch vor dem Kinderzimmerfenster und wollte aus dem Fenster springen bzw. ich dachte: Ja ich würde in den Himmel fliegen können. Diese Sehnsucht zu den Sternen war schon immer da. Meine Mutter aber hörte das nächtliche Gepolter und holte mich vom Fenstersims, brachte mich zurück ins Bett mit den Worten: Kind, was machst du denn da? Das kam sehr häufig vor.

Meine kleine Schwester war immer schon sehr wichtig für mich, ich wollte sie immer beschützen und für sie da sein, konnte es als kleines Mädchen nicht ertragen, wenn sie weinte, da hab ich immer die Mama gerufen. „Bina" weint, habe ich immer gesagt. Ich habe gespürt, daß ich eine Verantwortung für sie tragen wollte, daß es ihr gut geht und sie nicht leidet. Leider waren wir nicht nur ein Herz und eine Seele, wir haben uns oft gegenseitig verletzt, vielleicht weil wir beide um die Gunst und Liebe der Mutter kämpften. Unser Vater war viel arbeiten, er war halt der Vater, emotionale Bindung meinerseits gab es da nicht, vielleicht weil er ja der Brötchenverdiener war.

Meine Schwester war damals ein Sorgenkind und brauchte extra Aufmerksamkeit, da sie eine Hüftfehlstellung hatte als Säugling. Kann sein, daß ich mich deshalb so um sie kümmern wollte wegen des Mitgefühls. Mein Bruder war einfach nur da, ich empfand nie das gleiche für ihn wie für meine Schwester, ich glaube, weil er sich auch weniger für mich interessierte und eh sein eigenes Leben haben wollte. Das war aber okay für mich. Wir Mädchen haben auch nie oder selten mit ihm gespielt, ich weiß gar nicht, was er in seiner Kindheit gemacht hat. Rebekka und ich hatten uns, und das war gut so. Im Laufe der Zeit wurde die Beziehung weniger inniger, wir wurden halt älter und entwickelten uns weiter. Manchmal kam es mir vor wie eine Art Haßliebe, vielleicht weil ich gemerkt habe, daß sie scheinbar ein normaler Mensch ist und ich eben anders, ich weiß es nicht. Ich wollte, daß sie sich genau so entwickelt wie ich, und ich fand es doof, daß sie andere Wesenszüge hatte. Das ist nur eine Vermutung, genau kann ich mir das auch nicht erklären.

Wir hatten damals einen großen Garten, in dem wir uns austobten, wir waren wilde kleine Dinger, die keine Angst hatten, außer vor Mutters Strafe, wenn wir mal wieder über die Stränge geschlagen haben. In dem Moment des Wildseins war uns das aber egal. Wir kletterten auf Apfelbäume, über Nachbars Zäune, auf Dächer, klauten Blumen aus Nachbars Garten und wollten sogar einmal dem Kind des Nachbarn Fingerhut und einen toten Fisch aus unserem Gartenteich zu essen geben. Jetzt muß ich darüber lachen. Uns ist auch nie irgendwas Schlimmes passiert dabei, wir hatten wohl Schutzengel an unserer Seite. Meine Schwester hatte aber kleinere Blessuren. Ich eigentlich selten oder nie, außer verstauchte Knöchel, da ich oft umgeknickt bin beim Rennen im Garten oder ich bin oft in Bienen getreten im Rasen. Dann bin ich weinend zur Mutter gerannt und die hat mir den zuckenden Stachel des Tieres entfernt, eine sehr schmerzhafte Erfahrung. Mit dem Kettcar um den Häuserblock zu fahren war auch eine tolle Sache. Da wir nur ein Kettcar hatten, mußte einer von uns immer den anderen ziehen, genau eine Runde um den Block, dann war der Nächste dran, immer im Wechsel. Das ist so das Meiste, woran ich mich erinnern kann.

Dann kam die Kindergartenzeit, dort habe ich mich auch komisch, ausgegrenzt gefühlt, ich wollte eigentlich immer nur malen und basteln. Viele Kinder waren sehr hart zu den anderen oder auch zu mir. Ich habe mich aber dann unsichtbar und verhaltensunauffällig gemacht, damit die mich in Ruhe lassen. Eigentlich mußte ich mich nicht verhaltensunauffällig machen, weil ich das eh schon war. Ich erinnere mich ganz besonders an eine Szene, nämlich als ein Junge einen Marienkäfer auf dem Boden mit einer Böswilligkeit zertrat, sodaß mir die Tränen kamen, ich habe einen richtigen Stich ins Herz bekommen. Ich dachte: Das Gleiche macht er mit dir. Der Junge lachte danach über mich. Ich hatte nur eine Freundin im Kindergarten. Ich fand sie trotzdem, obwohl sie meine einzige Freundin war, komisch. Das war also die Kindergartenzeit.

In der Schule war es noch schlimmer, ich hatte eine Rechenschwäche, unter der ich sehr litt, leider hatte ich keine verständnisvollen Lehrer, die mich unterstützten, im Gegenteil. Die Lehrerin werde ich nie vergessen. Die gute Frau war scheinbar sehr ungeduldig und konnte nicht verstehen, daß ich die Mathematik nicht verstehen konnte. Eines Tages zog sie mich sogar über die Schulbank. Ich war schockiert und hatte nach dem Erlebnis erst recht keine Motivation mehr, zur Schule zu gehen. Jeden Tag wurde es schlimmer mit dem Schulbankdrücken. Ich sah keinen Sinn mehr darin, dort hinzugehen und mich quälen zu lassen. Mich interessierte immer schon mehr die Natur und ihre Bewohner, schaute gern den Vögeln zu vom Klassenzimmer aus.

Ich bekam regelrechte Alpträume vor dem Matheunterricht, träumte von Zahlen und sprach oder schrie im Schlaf, schreckte nachts auf, so daß meine Mutter oft zu mir kam und mich beruhigen wollte. Das half aber nicht viel, denn ich fühlte mich überhaupt nicht verstanden und hatte einfach nur tierische Angst vor dem Unterricht. Wenn es dann wie so oft einen Haufen an für mich scheinbar unlösbaren Hausaufgaben gab, war der Tag schon wieder gelaufen. Freizeit gab es an den Schultagen für mich nicht, auf jeden Fall nicht, wenn es Matheaufgaben waren. Ich hatte damals eine Schulfreundin, die nach ihren Hausaufgaben zu mir kam, um mich zum Spielen abzuholen, nur leider durfte die Arme mehrere Stunden damit verbringen, mir beim Kopfzerbrechen zuzusehen. Sie hat mir auch versucht zu helfen, es wollte einfach nicht in meinen Kopf. Wut und Ärger kamen in mir hoch, ich verzweifelte regelrecht daran. Stundenlang bis zum frühen Abend saß ich da. Meine Mutter hat versucht, mir das aus ihrer Sicht verständlich zu erklären und einzutrichtern, doch es half nichts. Ich habe gebrüllt und geheult, irgendwann habe ich sogar den teuren LamyFüller vor lauter Wut auf den Marmortisch zerstört. Die Tinte spritze an die Wände, und ich bekam Ärger. Die Schulzeit war der blanke Horror für mich. Gott sei Dank bin ich nicht ständig verprügelt worden, ich war den anderen wohl zu langweilig. An eine Situation erinnere ich mich. Ein paar Prügelknaben, die sich sonst nur auf das männliche Geschlecht konzentriert haben, wurden an einem Tag auf mich aufmerksam. Ich weiß nicht warum, jedenfalls jagten sie mich über den Schulhof, bis ich fast stolperte vor Angst, und dann haben sie mir in den Hintern getreten, die Jungs waren zwei Klassen über mir. Ich frage mich bis heute, warum sie es auf ein kleineres Mädchen abgesehen hatten. Nun ist es gut. Einmal konnte ich meine Ängstlichkeit und Konfliktscheue über Bord werfen, denn ich mußte handeln und sah damals keinen anderen Ausweg, als einen Jungen zu verprügeln. Ich dachte, Angriff ist die beste Verteidigung und drosch auf ihn ein, bis er am Boden lag. Darauf rannte ich voller Angst nach Hause, weil ich dachte, ich hätte ihn umgebracht. Kurze Zeit später schellten seine Eltern bei mir zu Hause und beklagten sich bei meiner Mutter darüber, daß ihre Tochter ihren Sohn verprügelt hat. Ob ich Ärger bekam? Ich glaube nicht.

Das war so die ereignisreiche und turbulente Schulzeit, eine Zeit voller Abenteuer und schmerzlicher Erfahrungen. Aber nicht nur, denn ich habe dadurch gelernt, das Leben auszuhalten und weiterzumachen. Ich habe die Zähne zusammengebissen. Jedenfalls konnte ich mit Ach und Krach meinen Hauptschulabschluß bekommen, mir war es damals egal: die Schule, die Ausbildung. Ich wußte nie, was ich werden sollte, also fing ich an, meine selbstgenannte Freiheit zu genießen und tat nix außer Teenagerkram wie mit der Freundin abhängen, Bier trinken, kiffen (war aber nur ein paarmal) etc. Mit Jungs hatte ich aber nie was Ernstes bzw. habe immer Angst vor deren Nähe gehabt. Obwohl ich ein paarmal verliebt war, habe ich die Buben nicht an mich herangelassen. Dann kam erst mal lange nichts, meine Eltern trennten sich, und meine Mutter meinte, ich wäre ihr aufgrund meines asozialen Verhaltens gegenüber ihrem neuen Lover ein Dorn im Auge bzw. mit ihrem neuen Liebesglücks nicht konform. Deshalb schickte sie mich zu meinem Vater. Das war ein schwerer Schicksalsschlag für mich. Meine Schwester, das liebe umgängliche Kind, blieb bei meiner Mutter. Ich konnte so gar nicht verstehen, was los war, ich fand mich mißverstanden. Meine Mutter wollte mich sogar in psychologische Behandlung geben. Sie meinte, ich würde nicht wollen, daß sie glücklich wird, nur weil ich den Neuen nicht mochte. Ich glaube eher, es lag daran, daß ich merkte, daß alles wie eine große Lüge aufgebaut war. Einfach nicht echt, deshalb rebellierte ich. Da ich auf gar keinen Fall zu einem Psychologen wollte, willigte ich widerwillig ein, doch zu meinem Vater zu ziehen.

Mit der Situation, bei meinem Vater zu leben, mußte ich mich erst anfreunden, denn er war ja immer nur der Vater, der das Geld nach Hause brachte. Wir mußten uns quasi erst mal kennenlernen auf engstem Raum. 1,5 Zimmer Singlewohnung mit nur einer Schlafcouch. Zu der Zeit war ich wie gesagt im Teenageralter, ca. 15 Jahre alt, und mitten in der Pubertät. Das soll was heißen. Und dann noch in einem Bett, herrje, das war die Hölle. Obwohl es mir materiell an nichts mangelte, denn ich bekam Freiheiten ohne Ende und Taschengeld. Dennoch fehlte etwas. Das Verstandenwerden und der Wunsch nach einer normalen Familie. Außerdem vermißte ich meine Schwester, denn sie wohnte ja nicht bei uns. Mutter hat sogar verboten, daß wir beide Kontakt haben, weil ich ja ein schlechter Umgang wäre für das brave Mädchen. Ich selber dachte nicht so über mich, ich war einfach, wie ich war. Eine leise Ahnung schleicht sich ein, es könnte daran gelegen haben, daß ich mein Aussehen drastisch veränderte, die Rebellion gegen das Normalsein oder gegen die Eltern. Oder einfach gegen die ganze Welt.

Es fing ziemlich harmlos an, die optische Veränderung, mit zerrissenen Jeans. Dann waren die Haare dran in allen möglichen Farben. Es kann nicht nur an meinem Aussehen gelegen haben, ich war einfach zu kompliziert für das neue Liebesglück meiner Mutter. Mittlerweile habe ich ihr vergeben, obwohl es lange gedauert hat, bis ich das konnte. Verstehen tue ich das damalige Handeln meiner Mutter zwar immer noch nicht, aber ich trage keinen Zorn mehr in mir. Vergebung hilft immer. Aber den Schmerz und die Verletzungen fühle ich bis heute. Mein inneres Kind hat wohl ganz schön gelitten.

Da mir meine Mutter in den Ohren lag, was den Beruf angeht, das war ihr schon wichtig bei unserer doch sonst recht sparsamen Konversation, entschloß ich mich, wenigstens einen besseren Schulabschluß zu erlangen. Mit einem Hauptschulabschluß, der von mehr oder weniger mittelmäßigen bis schlechten Noten übersät war, bekam man nichts Gutes, stellte ich fest. Ich war schon immer ein Perfektionist und wollte immer alles erreichen, um nicht auf der Straße zu landen. Dies hört man ja als Floskeln oft von den Eltern (wenn sie wüßten, was man einem Kind damit antut …!) Also meldete ich mich in einer Berufsfachschule für Gesundheit und Ernährung an, um meinen Realschulabschluß zu machen. Natürlich konnte ich mich damit überhaupt nicht identifizieren. Hauptsache erst mal zwei Jahre Ruhe vor dem nervigen Ausbildungsstellengesuche, dachte ich. Ich hatte dennoch Angst, daß aus mir nichts wird, deshalb machte ich diesen Schritt. Angst war schon immer ein ständiger Begleiter in meinem Leben.

Ich habe nicht darüber nachgedacht daß dort auch Matheunterricht stattfindet, und das auch noch auf höherem Niveau. Vielleicht hatte ich es unbewußt auch einfach nur verdrängen wollen. Nun gut, das mußte ich wohl durch. Der Matheunterricht versaute mir das erneute Schulbankdrücken, als wäre Schulbankdrücken nicht schon schlimm genug. Schule an sich empfand ich immer als sehr anstrengend, dieses Zuhören. Mich interessierte das langweilige Gerede einfach nicht. Ich kam natürlich schwer mit dem Tempo des Unterrichts mit, verstand nur Bahnhof, und jeder Test oder Klassenarbeit fiel für mich miserabel aus, mangelhaft oder ungenügend. Ich erinnerte mich an die vorherigen Schuljahre, und mir stand der kalte Schweiß auf der Stirn. Wenn ich Zahlen sehe oder – ganz schlimm – ich eine Aufgabe an der Tafel lösen sollte, sah ich regelrecht Sterne, der totale Blackout (Im Nachhinein war es einfach nur der Druck, der mir zu schaffen machte, stellte ich nach Jahren fest. Druck kann ich nicht leiden!).

Damals habe ich noch keine spirituelle Sicht gehabt, sonst hätte ich die geistige Welt oder Gott um Hilfe gebeten, das hätte sicher einiges erleichtert (vielleicht gehörte es auch alles zu meinem Schicksal?). Irgendwie habe ich dann die zwei Schuljahre dort rumgekriegt. Das bedeutete auch, daß die Abschlußprüfung bevorstand, natürlich auch mit Matheprüfung. Ich konnte die Nacht vorher nicht schlafen, so einen Bammel hatte ich. Am anderen Morgen standen die Lehrer vor mir und meinten: Dann fangen Sie mal an. Ich überlas die Zahlenkombinationen und Aufgaben, und mein Kopf verwandelte sich in ein riesengroßes Karussell.

Nur Matsch im Kopf, ich bekam weiche Knie und stammelte was vor mich hin, überlegte, strengte die restliche Hirnmasse, doch es wollte nichts kommen. Keine Lösung. Ich weiß auch gar nicht mehr, welche Aufgaben es waren, habe ich wohl verdrängt. Nach einer gefühlten Unendlichkeit war die Zeit der Peinlichkeit um. Was dabei rauskam, ist ja klar, ungenügend. Fazit: Die Schuljahre werden wiederholt, also zwei weitere Jahre des Schreckens lagen vor mir, wieder der gleiche Stoff. Die Jahre vergingen wie im Flug, am Ende kamen wieder die Prüfungen, meine Lehrer schauten mich mit mitleidvollen Augen an, sprachen mir gut zu. Bei der Matheprüfung fühlte ich mich nicht ganz so mies wie zwei Jahre zuvor. Die Aufgabe sah auf den ersten Blick einfach aus, es war eine Art Koordinatensystem, ich glaube, das heißt so. Wenn nicht, egal. Bin ja schließlich kein Mathegenie …

Ich fing an, mit dem Filzmarker auf dem Overheadprojektor zu kritzeln, mit zittriger Hand und natürlich mit Angstschweiß auf der Stirn. Der erste Ansatz war halb richtig, und ich sah Zuversicht in den Gesichtern der Prüfungslehrer. Dann sahen sie meine Unsicherheit und gaben mir Tipps. Wie ich dann die Aufgabe halbwegs löste, so daß ich immerhin ein ausreichend bekam, weiß ich nicht mehr. Immerhin, ich hatte bestanden. Endlich. Eine unglaubliche Last fiel von meinen Schultern – und das sahen auch die Lehrer. Mit einem Augenzwinkern wünschten sie mir Glück für meinen weiteren Lebensweg. Ich war entlassen. Endlich geschafft. Ich verließ die Schule mit gemischten Gefühlen, immerhin wußte ich, daß jetzt der Ernst des Arbeitslebens beginnen würde. Was ich machen sollte, wußte ich immer noch nicht, hatte auch keinen Wunsch oder Ambitionen zu arbeiten, aber man muß ja nun mal, dachte ich. Jedenfalls hatte ich schon mal einen Fachoberschulabschluß in der Tasche, zwar keinen guten, aber immerhin konnte ich jetzt sagen: Ich habe einen FOR-Abschluß.

Was damit tun, fragte ich mich, denn ich wußte ja wie gesagt immer noch nicht, was ich beruflich machen wollte. Scheinbar gab es keinen passenden Beruf für mich – oder der mußte erst erfunden werden. Ich ließ es langsam angehen und beschloß, erst noch mal das Leben zu genießen, bevor der Ernst losging. Das bedeutete für mich, Freunde treffen, Disco, Festivals, saufen. Sex gab es immer noch nicht, obwohl ich einige männliche Kollegen hatte, die mich auch interessierten. Ich war immerhin schon 19 Jahre alt. So blieb es bei freundschaftlichen Beziehungen, was ich selber gar nicht so schlimm fand, nur schämte ich mich meinen Freunden gegenüber, weil ich nie einen Freund hatte. Ich suchte mir Ausreden und hatte ein schlechtes Gewissen. Irgendwann fragte keiner mehr, ich war halt so. Wir hatten viel Spaß in dieser Zeit und vergaßen in unserer Partylaune alle Ängste und Sorgen. Ich fühlte mich zwar immer noch fremd, wie schon seit eh und je, aber in der Zeit beschäftigte es mich nicht so sehr, kann auch an der Heavy-Metal-Musik gelegen haben. Zwischendurch nagte das schlechte Gewissen an mir, und die Stimmen meines Vaters und meiner Mutter drängten sich immer lauter durch meinen Kopf. Das schlechte Gewissen klopfte wieder an. Kind, was ist denn jetzt mit einer Ausbildung? Du mußt doch was lernen. Die Stimmen wurden im Laufe der Zeit immer lauter. Dann konnte ich es nicht mehr hören und der verantwortungsbewußte Teil in mir begann sich zu regen. Mutter meinte immer, ich sei doch so kreativ, weil ich als kleines Mädchen immer so gern und viel gemalt hatte. Also überzeugte sie mich, eine Ausbildung als Floristin zu machen. Da ich immer noch keine Ahnung hatte und dachte, die eigene Mutter wird schon wissen, was sie mir rät, tat ich es. Ich bewarb mich bei einigen Blumenfachgeschäften in meiner Stadt, einigen von denen hat wohl meine Sauklaue in der Bewerbung nicht gefallen oder sie waren entsetzt über mein Zeugnis. Ich bekam Absagen. Damals gab es keinen Arbeitsamtkurs: „Wie schreibe ich die perfekte Bewerbung?" Da war der Füller, einige Blätter Papier, ein Schnellhefter, am besten neutrales Schwarz und ein schikkes Paßfoto, was mit einer Büroklammer am oberen rechten Rand geheftet wurde. Das waren noch unkomplizierte Zeiten. Also beschloß ich in schönster Sonntagskommunionkindschrift, es noch einmal zu versuchen mit meiner Bewerbung. Ich mochte das gar nicht, in mir rebellierte es. Warum sollte ich mich in Papierform vorstellen? Die sollten doch einfach mich als Mensch mit meiner Kreativität sehen und danach entscheiden, ob ich für sie geeignet wäre. Ich wollte es nicht einsehen, mir solch eine Mühe für Mumpitz geben zu müssen und schrieb nur die eine schöne Bewerbung, schickte sie an eine große Friedhofsgärtnerei mit angebundenem Blumenhaus und wartete. Insgeheim wünschte ich mir eine Absage, da ich überhaupt keine Lust dazu hatte. Aber es kam eine unerwartet schnelle Antwort in Form eines Briefes, in dem geschrieben stand, daß das Blumenhaus mich zu einem persönlichen Vorstellungsgespräch einladen möchte. Irgendetwas in mir war in freudiger Erregung. Ich fühlte mich plötzlich nicht mehr von Ausflüchten geplagt.

Vor dem Vorstellungsgespräch machte ich erst noch mal ein bißchen Party, wer weiß, wie lange ich das jetzt noch genießen konnte. Dann war es soweit, die Chefin stellte mir Fragen, warum ich unbedingt Floristin werden wollte. Ich antwortete sparsam denn ich wollte ja nicht lügen. Die Antworten genügten ihr wohl, denn sie hörte auf damit und erzählte von den Aufgaben einer Blumenfrau und sie stellte kurz die Firma vor. Dann, ziemlich am Ende des Gespräches, stellte sie mir eine Matheaufgabe in Sachen Prozent. Das sei ja wichtig bei späteren Verkaufsgesprächen mit Kunden. Damit hatte ich nicht gerechnet. Gott sei Dank konnte ich eine wahrheitsgemäße Antwort geben, 10 Prozent von 100 DM. Damals gab es noch keinen Euro, der kam erst später. Geschafft. Die Chefin freute sich über meinen Lösungsvorschlag und führte mich danach durch die Räumlichkeiten des Geschäftes. Zum Schluß gingen wir wieder ins Büro und sie gab mir den Ausbildungsvertrag. Ich wußte nicht, ob ich lachen oder heulen sollte. Auf jeden Fall war ich froh, von der Straße weg zu sein, und natürlich mußte ich mir jetzt nicht mehr das Gefrage der Eltern anhören. Stolz präsentierte ich den Ausbildungsvertrag bei meinen Eltern. Wie zu erwarten war, freuten sie sich für mich oder für sich. Wie dem auch sei: So begann ich einige Tage später die Ausbildung, Arbeitsbeginn 8.00 Uhr.

Die Ausbildung war im nachhinein die Hölle für mich. Nicht nur, daß meine damalige Ausbilderin das Grauen und Unterdrückung in Person war, sondern es gab ja auch wieder eine Schule, sprich Berufsschule. Die Arbeitszeiten waren nicht wirklich den Zeiten angepaßt, wie es im Vertrag stand. Das hieß Überstunden, gerade in der Advents- und Weihnachtszeit. Die Ausbilderin machte mich emotional und nervlich fertig, das war reine Schikane. Blutige Hände und aufgerissene Finger waren an der Tagesordnung.

Ich verbrachte viele einsame Tage mit 2 weiteren AZUBIS im dunklen Keller beim Kränzebinden. So quälte ich mich durch die dreijährige Ausbildung.

Am Ende der Ausbildung kam wieder eine Prüfung, Abschlußprüfung. Ich wollte den Horror nur ganz schnell zu Ende bringen, bereitete mich so weit vor, wie es eben den gegebenen Umständen entsprechend passend war, Hauptsache, ganz schnell weg aus dem Laden. Die Abschlußprüfung war in einem großen Autohaus für Protzautos mit dem bekannten Stern auf der Motorhaube. Ich wurde dort hingefahren von einer Arbeitskollegin samt Prüfungsmaterial für die Prüfungsarbeiten, die ich dort ablegen sollte. Das Thema war, einen Tischschmuck zu erstellen für eine Kommunion. Ich werkelte dann an der mir vorgegeben Aufgabe herum, bis es endlich vollbracht war – nach 120 Minuten oder so. Dann wurden die Arbeiten unter strengen Augen der Prüfer der Handelskammer begutachtet und bewertet. Geduld war nie wirklich meine Stärke, deshalb wurde ich nach 4 Stunden des Wartens immer nervöser, die Ergebnisse sollten endlich verkündet werden, denn ich wollte ja da weg. Dann war es so weit. Unter feierlicher Stimmung wurden die Prüflinge nach vorne gebeten und bekamen die Ergebnisse. Ich hatte bestanden, zwar nicht überdurchschnittlich gut, aber das war mir auch egal. Ich bekam eine 3,5 als Note. Das war also geschafft. Wir hatten abgesprochen, daß ich abgeholt werden sollte, wenn ich fertig war. Ich rief in der Firma an, und dann kam nach zweieinhalb Stunden jemand, um mich abzuholen. Es war die Chefin höchstpersönlich, sie gratulierte mir sehr knapp und meinte mit einem müden Lächeln daß ich ja eh nicht bei ihnen bleiben will. Also wünsche sie mir für die Zukunft alles Gute, und das war's. Als ich zu Hause war, fühlte ich mich leer. Ich wußte irgendwie nichts mit den vergangenen drei Jahren anzufangen. Außerdem war ich wütend. Vor allem auf mein Leben, was ich als sehr ungerecht empfand. Ich dachte: warum ich? Warum kann ich nicht einfach was Schönes machen? Jetzt stand ich da mit einem Lehrbrief in der Tasche, wollte den Beruf aber nicht weiter ausführen. Also was tun? Ich beschloß, erst mal nichts zu machen und die Wut abzubauen, indem ich wieder feiern ging (und mein Berichtsheft im Wald verbrannte, das war so eine Erleichterung). Denn das ist meiner Meinung nach zu kurz gekommen. Das tat ich dann ein paar Monate, bis das schlechte Gewissen wieder an mir nagte bzw. auch mein Vater, da ich ja noch bei ihm wohnte. Obwohl wir inzwischen umgezogen waren in eine größere Wohnung, fühlte ich mich immer noch seltsam bei ihm.

Mein Vater hat schließlich dazu beigetragen, daß ich mich wieder beworben habe, mit langen Zähnen schrieb ich also eine Bewerbung und bekam eine Halbtagsstelle. Dort war ich auch nicht wirklich zufrieden, denn ich wollte ja keine Floristin sein. In dem Laden mußte ich auch kassieren, was mit meiner Rechenschwäche nicht gerade ein Kinderspiel für mich war. Es wußte auch niemand sonst, daß ich so ein Defizit hatte. Ich habe mir Ausreden einfallen lassen, wenn ich zum Beispiel das falsche Wechselgeld herausgab. Die Wut und der Trotz in mir breiteten sich immer weiter aus. Ich wollte einfach nur weg oder am besten flüchten. Das Land verlassen, dachte ich. Die Idee, einfach abzuhauen, ist dann von einer fixen Idee zum sehnlichen Wunsch geworden.

Zur damaligen Zeit war ich absoluter Schweden-Fan, von wegen Nordlichter und Wikinger. Ich suchte mir also im Internet Bekanntschaften zu Schweden, sprich schwedischen Nordmännern. Tatsächlich hatte ich einige E-Mail-Freundschaften, und aus einer entwickelte sich mehr. Eine Art Verliebtsein stellte sich ein. Verliebt war ich eigentlich nur in das Land – aber das wußte der Schwede ja nicht, so redete ich mir ein, ich sei in ihn verliebt und teilte ihm mit, daß ich ihn gern besuchen würde. Er hat es, glaube ich, anders empfunden. Gesagt getan. Er freute sich über meinen Vorschlag, ihn zu besuchen, und darauf packte ich meine Siebensachen und flog in den Norden. Als er mich das erste Mal sah – war ja eine Art Blind Date –, war er von mir begeisterter als ich von ihm. Überhaupt nicht mein Typ, aber egal, sagte ich zu mir, Hauptsache weg von meinem bisherigen Leben. Also spielte ich die Rolle, die ich zu spielen hatte, um ihn von mir zu überzeugen, ich blieb ein Wochenende, und beim Abschied sagte er mir, daß er mich wiedersehen wolle. Ich mußte erst mal alles sacken lassen, als ich wieder zu Hause war und grübelte. Was tun? Ich wollte ja weg, also biß ich in den sauren Apfel und sagte meiner Familie, daß ich jetzt auswandere und nie wiederkäme. Das war für meine Mutter ein Schock, das überraschte mich. Jetzt erst recht, dachte ich, ich will unabhängig und frei von meiner Vergangenheit sein. Einfach alles hinter mich lassen. Ich schrieb dem Schweden, daß ich nun meine Koffer packe und zu ihm ziehen würde. Der Abschied war ein mittelschweres Familiendrama, aber nicht aus meiner Sicht. Mit einem riesengroßen Kleiderschrankkoffer machte ich mich also auf den Weg nach Schweden. Dort angekommen, sollte nun das neue Abenteuer meines Lebens losgehen.

Wir wohnten zu Anfang bei seinen Eltern in seinem Zimmer. Das war sehr unangenehm, weil keine Privatsphäre da war. Für die ersten Wochen war es okay, aber dann war ich genervt von den Umständen, und ich lag Micke, so hieß er, fast täglich in den Ohren, um ihn zu einer eigenen Wohnung zu bewegen. Das hat gefruchtet. Kurze Zeit später haben sich dann seine Eltern darum bemüht, uns eine passende Unterkunft zu besorgen. Die Eltern haben überhaupt sehr viel für ihn gemacht, weil er sehr unselbständig und ängstlich war. Wir zogen in ein kleines süßes Schwedenhäuschen, und ich war erst mal zufrieden – wenn da nicht der übermäßige Konsum an Alkohol gewesen wäre, wofür die Skandinavier ja bekannt sind. An den Wochenenden gab es oft exzessive Saufgelage, und da mein Freund keinen Alkohol vertrug, wurde er regelrecht aggressiv und total depressiv. Zudem er in der alkoholisierten Stimmung total eifersüchtig war. Ich hatte langsam die Nase voll, ich hielt es einige Monate noch aus mit ihm, versuchte zu beschwichtigen, das half aber nichts. Deshalb beschloß ich, ihn wieder zu verlassen. Ich überlegte mir einen Fluchtplan und telefonierte mit Deutschland, da er ja berufstätig war. Als Schreiner mußte er morgens sehr früh aufstehen. Das war meine Chance. Ich bestellte mir ein Taxi, als er weg war, und auf ging es zum Flughafen mit dem Koffer, mit dem ich gekommen war. Ich mußte sehr viele Sachen da lassen, das interessierte mich aber weniger (nur die beiden Katzen taten mir leid). Wieder in Deutschland angekommen, war die Freude meiner Familie groß. Ich war fix und fertig und hatte wieder diese Leere in mir. Micke meldete sich telefonisch bei mir in Deutschland, ich wollte aber nicht mit ihm reden und sagte ihm, daß er wohl ohne mich leben müßte. Das war's dann.

Nach meiner Rückkehr wurde ich total betüdelt. Obwohl ich keinen Redebedarf hatte, wurde immer wieder nachgefragt. Ich hatte aber kein Problem mit der Situation, viel mehr mit meinem Leben. Denn nun war ich ja wieder in der Heimat. Was sollte ich dort? Ich wollte ja nicht zurück damals, das nervte mich mehr als die Tatsache, daß ich wieder Single war. Ich mußte eine neue Bleibe haben, meine Mutter meinte, es wäre von Vorteil, bei ihr und ihrem neuen Lebensgefährten einzuziehen. Da ich eh nicht wußte wohin, tat ich das, denn zum Vater wollte ich auch erst mal nicht. Also zog ich dort ein. Viele Sachen hatte ich ja nicht mehr, außer ein paar Klamotten. Ich arrangierte mich mit der Situation, indem ich dachte, ich könnte ja vielleicht dort mein Seelenheil zurückbekommen. Ich erlebte Höhen und Tiefen, oft war ich sehr frustriert. Ich wußte nichts mit mir anzufangen, wollte auch nicht arbeiten, denn ich wußte ja immer noch nicht, was ich überhaupt arbeiten wollte.

In der Zeit geschah es, daß der Lebensgefährte meiner Mutter sehr krank wurde, er hatte alles Mögliche an Krankheiten. Ein langer Leidensweg begann für alle Beteiligten, ich war die mentale und seelische Unterstützung meiner Mutter zu dieser Zeit. Es war sehr schwer, das alles zu ertragen, ich hatte ja schließlich genug eigene Sorgen. Nach einigen Wochen im Krankenhaus und einem Hospizaufenthalt ging er dann friedlich von uns. Meine Mutter war fertig mit der Welt – und ich erst. Irgendwann beruhigten wir uns wieder, das Leben mußte ja weitergehen, und wir fingen an, gemeinsam Unternehmungen zu machen. Das war dann eine Zeit mit Disco und Cafébesuchen. Das Leben schien wieder Spaß zu machen, obwohl ich ja noch arbeitslos war (die Unternehmungen fand ich zwar toll, aber ich hatte in der Nähe meiner Mutter immer komische Gefühle). Tägliches Chatten im Internet sollte nun unser tägliches Abendritual werden, dazu gab es guten Wein und Musik, wir hatten Spaß. Wir meldeten uns in einer Partnerbörse an und wollten uns wieder aufs Neue verlieben, das gelang dann auch nach einigen Dates. Ich hatte „Casi" kennengelernt und meine Mutter Richard, ihren jetzigen Lebensgefährten. Casi hat in einer Bank gearbeitet, und das faszinierte mich damals. Ein gutsituierter Mann, dachte ich. Er war leider vom Aussehen her gar nicht mein Typ, und ich erschrak bei unserem ersten Treffen über sein Äußeres. Mein Ego fühlte sich aber gut bei ihm, weil er ja Ansehen hatte. Er wußte, daß ich arbeitslos war, duldete es zwar, aber nach einigen Monaten Beziehung drängte auch er mich zu der Arbeitssuche, was mir natürlich mißfiel. Er schickte mir per Telefax Stellenausschreibungen von Zeitungen und Internetportalen. Ich bewarb mich dort widerwillig, es waren alle möglichen Stellen – von der Backwarenverkäuferin bis hin zum Callcenter. Ich bekam zu 80 Prozent Absagen, weil ich mir auch keine Mühe bei den Bewerbungen gab – zumal ich ja nicht viele Referenzen vorzuweisen hatte.

Eines Tages wurde ich dann zu einem Vorstellungsgespräch in einer anderen Stadt eingeladen. Da ich keinen Führerschein hatte, war das immer ziemlich nervig, so weit zu fahren. Mit gemischten Gefühlen fuhr ich also dorthin, um letztendlich eine Zusage zu bekommen. Ich wunderte mich, denn ich konnte ja nicht viel. Ich verstand erst später, warum sie mich genommen hatten. Weil sie grundsätzlich jeden nehmen, denn es war ein Callcenter, und davon hatte ich damals keine Ahnung.

Meine Aufgabe dort war es, Firmen anzurufen und denen Büromaschinen zu verkaufen. Anfangs hat es Spaß gemacht, da es eine ganz neue Herausforderung war. Und ich war aus meinem alten Job weg. Ich fühlte ein regelrechtes Hochgefühl, damit dem Schicksal ein Schnippchen geschlagen zu haben. Dadurch, daß die Firma natürlich sehr auf Profit aus war, war es dementsprechend ein knüppelharter Verkaufsjob. Ich war immer ganz gut darin, und der Chef war zufrieden mit mir. Umso zufriedener mein Chef war, desto unzufriedener wurde ich im Laufe der Zeit. Das zog sich über mehrere Monate hinweg, das Ringen mit mir selbst. Ich wollte was Abwechslungsreicheres machen, immer nur Verkaufen empfand ich als unbefriedigend, zumal wir einen sogenannten Telefonleitfaden hatten, der mich in meinem individuellen Sprachgebrauch einschränkte. Hals über Kopf wollte ich nicht kündigen. Ich überlegte mir während der Arbeit, was denn besser für mich wäre. Von meinem Freund hatte ich mich inzwischen getrennt, den empfand ich auch als Last (ich merkte, daß ich mir selber etwas vormachte, ich liebte ihn nicht). Nun mußte es irgendwie weitergehen, also suchte ich im Internet nach passenden Jobs. Ich fand eine kleine Werbeagentur, die dringend Vertriebsassistenten suchten. Also rief ich dort an und wurde prompt zum Kennenlernen eingeladen. Es war ein junger Chef, der mich empfing, und er stellte mich ein. Ich telefonierte zwar, doch es war ungezwungener und keine Callcenter-Atmosphäre. Es war irgendwie familiär, mir gefiel es. Ich bekam auch nette Arbeitskollegen, mit denen ich oft zusammen war. Wir hatten viel Spaß – bis irgendwann in mir ein mulmiges Gefühl auftauchte. Nach einigen Monaten hatte der Chef die anfängliche Euphorie verloren, auch unsere Gehälter wurden immer unregelmäßiger bezahlt. Wir mußten regelrecht um unser Gehalt betteln. Wir wurden immer mißmutiger, bis kurz vor Weihnachten die Nachricht kam, daß er Insolvenz anmelden würde, und wir somit entlassen waren. Kurz vor Weihnachten war es keine schöne Angelegenheit. Nun stand ich da. Was tun? Ich dachte, mein ganzes Leben zerfällt in Asche und Staub.

Ich hatte inzwischen eine eigene Wohnung zu bezahlen. Bei Mutter war ich ausgezogen und lebte nun mein eigenes Leben in Freiheit – mit meiner Katze Candy. Die hatte ich mir aus dem Tierheim geholt, weil ich ja allein war. Ich mußte ja irgendwie wieder zu Lohn und Brot kommen, weil ich alles allein bezahlen mußte. Also war die nächste Bewerbung fällig. Mal wieder ein Callcenter. Mir war es in dem Moment egal. Ich verkaufte Zeitschriften für einen Hungerlohn und unter katastrophalen Bedingungen. Wir wurden fast nur auf Provisionsbasis bezahlt, das verursachte einen unheimlichen Druck. Ich mußte da raus, ich mußte weg.

Ich hatte damals einen Freund, ich bezeichnete ihn als meinen einzigen besten Freund, Ferdi. Er hatte ähnliche Nöte wie ich. Durch Ferdi habe ich mir auch viele Gedanken über das Fleischessen gemacht. Ich wollte kein Fleischfresser mehr sein. Jedes Mal wenn ich im Fernsehen Berichte über Tiertransporte oder Massentierhaltung etc. sah, also etwas, was Leid verursachte, wurde mir schlecht, und ich sträubte mich immer mehr, das zu unterstützen. Ich war sowieso schon immer ein riesiger Tierfreund (in Wahrheit hatte ich schon immer einen besseren Bezug zu Tieren als zu Menschen, sie kamen mir ehrlicher vor), und ich wollte meine Freunde nicht mehr essen. Eines Tages kam es mir in den Sinn, Gott zu bitten, mir dabei zu helfen. Ich bat ihn, mir ein klares Zeichen zu geben, wenn ich kein Fleisch mehr essen sollte. So sollte es sein.

Ich stand an der Haltestelle und wollte ins Fitneßstudio, die Haltestelle war an einer sehr stark befahrenen Straße, als plötzlich ein riesiger Tiertransporter an mir im Zeitlupentempo vorbeizufahren schien. Der Transporter war real, doch kam mir die Situation extrem langsam vor. Wie angewurzelt stand ich da und sah die entsetzten Gesichter der Schweine. Sie sahen mir direkt in die Augen und drückten ihre Nasen durch die rostigen Gitterstäbe. Dicht an dicht standen sie da, und ich konnte in dem Moment ihren Schmerz und ihre Angst fühlen. Reglos beobachtete ich das Szenario, was wohl nur für mich bestimmt war, und weinte. Ich hatte Tränen in den Augen und war total traurig über so viel Leid. Von da an schwor ich mir, kein Fleisch mehr zu essen (ich esse aber manchmal noch Fisch und Gambas; also bin ich kein Vegetarier). Ich dankte Gott für die Antwort und reagierte mich im Fitneßstudio angekommen erst mal auf dem Laufband ab.

Ferdi und ich telefonierten oft und trafen uns zum Gedankenaustausch, kochten miteinander und gingen spazieren. Die Beziehung war nicht nur platonisch, wir hatten eine Art Seelenverbindung, das Schicksal führte uns wohl zusammen. Wir wollten beide unser Leben ändern, wußten aber nicht wie. Eines Tages fragte er mich, ob ich mit ihm ein Seminar besuchen wolle, im Bereich Kraft der Gedanken, also Mentaltraining. Damals hatte ich überhaupt keine Ahnung, dennoch sagte ich zu, ihn zu begleiten. Was mich erwartete, wußte ich nicht. Wir wollten nur irgendwas ändern, und vielleicht hilft das ja, dachte ich. Also buchten wir das Seminar. Es war ein klassisches Mentaltraining über das Gesetz der Resonanz, das hatte ich auch noch nie gehört. Nach dem Seminar war ich ratlos. Was sollte es mir bringen? Ich verstand nur Bahnhof. Mein Freund und ich ließen erst mal alles sacken, und dann erzählte er mir über Gott und das Universum sowie über Energie. Ich war damals überhaupt nicht gläubig. Ich fand aber Gefallen an dem, was er sagte und beschäftigte mich zum ersten Mal mit dem Thema Gott. Wir tauschten uns oft aus, und ich gewann immer mehr Verständnis in die himmlische Macht. Religiös war ich nie, aber ich glaubte von da an an Gott. Ich kaufte mir eine Bibel und begann zu beten. Es fühlte sich gut an, zu beten, ich tat es oft. Ich fühlte mich sicherer und nicht mehr so allein. Irgendwann packte mich der Eifer und ich wollte mehr erfahren, mehr verstehen und wissen. Ich ging in einen Buchladen, was sonst vorher nicht so oft vorkam, und begab mich in die Esoterikabteilung. Die Engel stießen mir immer wieder ins Auge, und ich kaufte mein erstes Engelbuch. Damit fühlte ich mich noch besser, und ich wußte, daß mir nichts Schlimmes passieren kann, weil die Engel ja auf mich aufpassen würden. Also betete ich für einen neuen Job. Und prompt fiel mir wie durch Zauberei eine Zeitung auf, die vor meiner Nase lag. Darin stand eine Annonce für einen neuen Job. Ich wünschte mir damals, wieder in einer Werbeagentur arbeiten zu können, und genau so eine Anzeige war ausgeschrieben. Ich wußte genau, daß es himmlische Fügung war. Ich nahm mir einen Krankenschein für die damals aktuelle Firma und bewarb mich auf die Stelle.

Ich hatte recht mit meinem Gefühl und wurde sofort eingestellt. Von dort an begann ich, immer weiter zu forschen. Weitere Bücher mußten her, ich wollte mehr erfahren. Gerade der Erzengel Michael war zu der Zeit mein liebster Engel (ist er immer noch). Ich kaufte mir mein erstes Kartendeck (Erzengel Michael Orakel). Fast täglich fragte ich die Karten, was zu tun sei. ie gaben mir jeden Tag neue Kraft. Ich betete und meditierte über meine Wünsche und Träume. Ich zauberte mir einen Mann in mein Leben mit der Wunschtechnik. Nur leider hat er gar nicht zu mir gepaßt, und es war ein kurzes Vergnügen. Ich wünschte mir viel. Aber nicht alles, was ich mir wünschte, kam auch. Ich fing dann das erste Mal an zu zweifeln. Ich wünschte mir ja so viel – nur wußte ich nicht, was ich wirklich wollte. Ich bekam den Job, den Mann, den ich später nicht mehr wollte und ein neues Haustier (Mikesch, der liebe weiß-schwarze Kater). Mikesch holte ich wie Candy aus dem Tierheim, damit Candy wegen meiner langen Abwesenheit nicht mehr so allein war.

Irgendetwas brodelte wieder in mir und ich wurde unzufrieden. Mein Leben schien Kopf zu stehen. Der Job machte mir zwar Spaß, aber ich wußte immer noch, daß mit mir was nicht stimmt, denn ich hatte extreme Probleme mit anderen Menschen. Ich verstand deren Verhalten nicht und bekam einen Schmerz im Körper bei unliebsamen Gesprächen. Ich spürte jede Lüge körperlich. Ich fühlte mich als Außenseiter, wie schon seit Kindesbeinen an. Ich versuchte mich anzupassen und so gut wie möglich mich zu verstellen, damit keiner merkt, daß ich sie komisch finde oder damit keiner merkt, daß ich komisch bin. Was mit mir nicht stimmte, wußte ich ja nicht. So ging es tagein, tagaus. Ich machte meinen Job, und währenddessen machte ich mir Gedanken über mich und meine Gefühle. Neue Erkenntnisse mußten her. Der Bücherladen war jedes Wochenende in meinen Plan eingebaut. Ich kaufte immer mehr spirituelle Bücher. Je mehr ich kaufte, desto häufiger kamen Fragen auf. Außerdem mußte mehr Geld her, denn ich wollte ja immer mehr Bücher kaufen. Irgendwann wurde ich befördert und durfte in die große Verkaufsabteilung. Das war insgeheim immer mein Wunsch, Karriere zu machen, viel Geld zu verdienen, Ansehen usw. (ich war richtig karrieregeil). Ich war dankbar für diesen Karriereschub und hatte neue Motivation. Von diesem Moment an hatte ich auch längere Arbeitszeiten, und die spirituelle Schiene blieb etwas auf der Strecke. Das Einzige, was ich mir gönnte, war ein Reiki-Seminar, weil die Stimme in mir sagte, ich soll das machen. Weil ich heilende Hände hatte, wie auch das Engelorakel mir immer wieder bestätigte. Das Seminar war anstrengend, aber ich war froh, daß ich es gemacht habe. Man weiß ja nie, wofür das gut war. Reiki probierte ich dann zu Hause an meinen Katzen aus. Die haben es wohl genossen. Ich versuchte jeden Abend im Bett, mir selbst Reiki zu geben, um wieder runterzukommen vom Streß des Tages. Doch es half nicht viel. Herzrasen begann sich immer mehr bemerkbar zu machen.

Ich arbeitete viel und hart und viel zu lange. Meine Bücher waren am Wochenende dran, gelesen zu werden. Ich wollte es ja nicht ganz schleifen lassen. Ich hatte ja keine Ahnung, welche verheerenden Folgen das für mich haben sollte. Überstunden, tägliche Meetings – ich nenne es jetzt Gehirnwäsche – und tägliche Einmischungen vom Chef (mein damaliger Chef war regelrechter Choleriker und schrie uns oft an), teils unter der Gürtellinie, ließen mich mit der Zeit immer mehr an meinem Tun zweifeln (jeden Tag wurde das schlechte Gewissen in mir größer, ich konnte auch keine Kunden mehr anrufen). Ich fühlte mich erschöpft, antriebslos und müde. Mit zitternder Hand versuchte ich auf der Arbeit, zu tippen oder zu telefonieren, doch mein Finger wollte mir nicht mehr gehorchen. Ich betete und bat die Engel um Rat und Hilfe, doch das Einzige, was meine innere Stimme sagte war: kündige!

Doch ich hörte nicht und hatte Angst, weil ich nicht wußte, was ich stattdessen beruflich machen sollte. Das wußte ich schließlich noch nicht mal in meiner Kindheit oder Jugend. Ich hatte extreme Verlustängste. Also machte ich weiter und wartete auf ein Wunder. Ich wollte zwar schon seit längerer Zeit mein eigener Chef sein, schon seit Jahren, wußte aber nicht, womit. Dies sagten mir auch immer die Engelkarten schon seit Jahren. Ich wußte nichts damit anzufangen (Wenn ich darüber nachdenke, waren es immer dieselben Karten: Seelenpartnerbeziehung und Unternehmergeist). War es das etwa, was ich mir so ersehnte?

Ich fuhr morgens immer mit dem Fahrrad zur Arbeit, ich liebte es, Fahrrad zu fahren. Mit der Zeit merkte ich, daß ich keine Freude mehr am Fahrradfahren hatte. Ich fühlte mich irgendwie leer, nichts schien mehr Sinn zu machen. Meine Gedanken wurden immer pessimistischer, und ich war nur noch verwirrt und müde. Ich lag in meiner spärlichen Freizeit nur noch auf der Couch und zitterte. Ich mußte was tun, ich schob es auf den Transformationsprozeß, der ja jetzt auf der Erde im vollen Gange ist und suchte Rat bei einer spirituellen Lebensberaterin.

Nach einiger Zeit fand ich eine im Internet und ließ ein sogenanntes Karma-clearing machen. Danach fühlte ich mich zwar energetisch leichter, doch blieb die innere Leere und die Schwäche im Körper. Zudem wußte ich jetzt endlich, warum ich mich immer so fremd fühlte. Ich war nämlich ein Erdenengel, und es sei normal, daß ich diese Empfindungen hätte.

Eines Tages merkte ich, daß ich meinen Haushalt nicht mehr machen konnte. Die Arbeit war der totale Graus für mich, mir war schlecht und ich mußte mich beim Zähneputzen morgens fast übergeben. Ich konnte nicht mehr duschen und hatte regelrechte Todesängste, als ich in meinem Bett lag. Ich machte trotzdem weiter und fuhr brav zur Arbeit (schließlich hatte ich der Firma gegenüber zu viele Schuldgefühle oder mir selbst gegenüber). Ein Ausweg mußte her. Also ging ich zu einer Kartenlegerin, weil ich wissen wollte, wann ich denn endlich meine große Liebe treffen würde (denn danach sehnte ich mich immer mehr). Mit zitternden Knien und abgemagert bis auf die Knochen fuhr ich zu ihr nach Duisburg. Auf dem Weg dorthin im Zug dachte ich immer wieder, daß ich sterben müßte. Zum Glück waren andere Leute im Abteil, sie konnten mir ja helfen, falls ich umkippe, dachte ich.

Die Dame (Kartenlegerin) dort sah mich an, ich fühlte mich unwohl. Mir standen die Tränen in den Augen, als ich sie fragte, was mit mir los sei. Sie fragte mich, was mich bedrückt, und ich erzählte von der Arbeit. Sie sagte, ich sähe aus wie der wandelnde Tod. Sie legte mir dringend ans Herz, sofort am nächsten Werktag zum Arzt zu gehen, um mich krankschreiben zu lassen. Außerdem riet sie mir, zu einem Psychiater zu gehen. Ich hätte wohl einen starken Schutzengel, sonst wäre ich schon längst nicht mehr hier, sagte sie ernst. Ich staunte nicht schlecht, konnte aber nichts sagen, weil mein Kopf rebellierte. Schweigend verließ ich den Laden. Ich war am Boden zerstört und hatte Angst. Dennoch befolgte ich ihren Rat und ging zum Arzt, Fazit: Burnout und Depressionen. Ich bekam eine sofortige Notfalleinweisung für das Krankenhaus. Ich ging also auf wackeligen Beinen zum Krankenhaus. Auf den Weg dorthin drehte es sich in meinem Kopf, und ich hatte alle möglichen Gedanken. Ich fragte mich, ob ich wirklich dahin müsse und was aus meinen Katzen zu Hause wird. Wer sollte sie versorgen? Und außerdem hatte ich Angst, im Krankenhaus zu sterben, weil ich vor dem Arztbesuch vor dem Schlafengehen eine Vision hatte, wo ich mich selbst in einem katastrophalen Zustand im Krankenbett liegen sah. In der Notaufnahme angekommen, kam eine Ärztin zu mir und fragte mich nach meinen Symptomen. Ich antwortete wahrheitsgemäß und wartete. Es gäbe momentan kein freies Bett, berichtete sie mir. Sie setzte mich aber auf die Warteliste und wollte sich dann telefonisch bei mir melden, sobald etwas frei sei. Zwei Tage später klingelte das Telefon. Ein Platz wäre frei und ich sollte sofort am nächsten Tag eingewiesen werden. Ich bekam Panik und versuchte alles so gut es ging zu organisieren. Die Katzen sollten von meinem Vater versorgt werden. Ich checkte also in der Klinik ein und bekam mein Zimmer gezeigt, 4-Bett-Zimmer. Herrje, dachte ich. Wie sollte ich da die nötige Ruhe finden, die ich so sehr brauchte? Ich fühlte mich fehl am Platze, ich war der festen Überzeugung, daß alle anderen auf dieser Station einen an der Waffel hatten und ich einfach nur erschöpft sei. Nach einigen Tagen der Akklimatisierung und mehreren Untersuchungen kam man auch untereinander ins Gespräch, gerade beim gemeinschaftlichen Frühstücken oder Mittagessen unterhielt man sich. Ich erkannte, daß ich nicht die Einzige mit der Diagnose Depression war. Fast alle dort hatten diese Diagnose, und es waren fast normale Menschen – was man eben so als normal bezeichnen kann. Es gab natürlich auch einige Ausnahmen. Es war ja schließlich eine Psychiatrie.

Dennoch war das 4-Bett-Zimmer die Hölle für mich, ich konnte sehr schlecht bis gar nicht schlafen, obwohl ich todmüde war. Eine Patientin konnte nur mit Neonlicht schlafen, weil sie Angst im Dunkeln hatte und Stimmen hörte. Alle vier Damen schnarchten außerdem um die Wette. Aber man gewöhnt sich an alles, dachte ich, zumal ich sowieso keine Kraft hatte, mich aufzuregen.

Mir fiel auf der Station immer öfter ein Mann ins Auge, der eine magische Anziehung auf mich ausübte. Ich suchte wie eine Marionette von fremden Mächten bestimmt immer öfter seine Nähe. Da ich grundsätzlich ein großer Zweifler bin, tat ich diese Kraft, die mich lenkte, als Einbildung ab und schob es auf mein psychisches Problem. Ich saß in der Klinik immer gerne draußen, und da es ein goldener Herbst war, genoß ich die warmen Sonnenstrahlen auf der Parkbank. Dort gab es die Ruhe für mich, die ich mir ersehnte. Viele Rotkehlchen waren auch immer dort, und da ich diese Vögel sehr liebe, beobachtete ich sie gern. Mit der Zeit gesellten sich auch zwei andere Patienten nach draußen auf eine Nachbarbank. Ich staunte nicht schlecht, als ich sah, wer sich da nach draußen trollte. Es war der Mann, der mich so magisch anzog, mit einem anderen Mitpatienten, der mir vorher nicht so aufgefallen war.

Irgendwie begann der andere Patient mit mir ein Gespräch. Er fragte mich, was mich denn wohl hierhin verschlagen hätte. Ich berichtete wahrheitsgemäß, und er lächelte. Er sei aus demselben Grund hier, zu viel Arbeit, zu viel Verantwortung und keine Freude. So kamen wir ins Gespräch und unterhielten uns sehr ausführlich. Doch er gab mir Hoffnung. Sein Begleiter neben ihm lauschte interessiert unserem Gespräch, und schließlich wurde auch er von unserem Redebedarf angesteckt.

Es stellte sich heraus, das beide Herrschaften Benny hießen. Ich mußte lachen. Also spaßte ich: Benny 1 und Benny 2. Ich war heilfroh, mit ihm ins Gespräch gekommen zu sein. Zufrieden ging ich ins Bett und schlief das erste Mal gut ein. Am nächsten Morgen ging ich wieder zu meiner Bank und betete um ein Zeichen. Meine Gefühle waren ziemlich durcheinander, obwohl die innere Gewißheit immer stärker wurde. Lieber Gott, bitte hilf mir, liebe Engel, bitte gebt mir ein Zeichen, wenn „ER" es sein soll, betete ich. Mein Gefühl sagte mir, er sei mein Seelengefährte (das hatten die Orakelkarten ja schon Jahre zuvor vorausgesagt). Die Antwort kam prompt. An diesem Tag kamen sehr viele Federn vom Himmel. Weiße schöne Federn und kein Vogel vor Ort, dem sie hätten gehören können. Da verschwand der Zweifel, und ich fühlte mich sicherer. Denn wie ich ja wußte, sind weiße Federn Himmelsbotschaften. Ich war also auf dem richtigen Weg.

Das zweite göttliche Wunder kam nach fünf Minuten in Form von Benny, also der Benny mit der magischen Anziehungskraft. Er wirkte etwas schüchtern, weil er wohl diesmal ohne Begleitung rauskam. Er setzte sich auf eine Bank in die Sonne und hatte die Augen geschlossen. Ich nahm allen Mut zusammen und fragte ihn, meiner inneren Stimme folgend, ob er Lust hätte, mit mir Tischtennis zu spielen. Etwas unsicher meinte er, dass er aufgrund seiner Verletzungen an den Händen nicht spielen könnte. Ich versicherte ihm, daß ich auch kein Profi sei und einfach nur just for fun spielen wollte. Er willigte ein und holte die Schläger aus dem Schwesternzimmer. Es machte sehr viel Spaß, mit ihm zu spielen, und seit Monaten konnten wir beide mal wieder richtig herzlich lachen. Ich war überrascht, wie schnell man wieder glücklich sein konnte. Das mit dem Tischtennisspielen wiederholte sich noch ein paarmal und jedes Mal wurde es lockerer. Wir fühlten uns miteinander wohl. Es war so, als könnte ich ihm alles über meine Vergangenheit und mich erzählen, ohne Scham und Reue. Ein Gefühl von Glückseligkeit, ein Gefühl von: wir sind eins.

(Wenn man einem anderen Menschen in die Augen schaut und dort seine eigene Seele erkennt, ist es wunderbar. Ein Gefühl von Heimat). So ging ich wieder beseelt ins Bett.

Am nächsten Tag spielten wir aufgrund von schlechtem Wetter mit der Klinikgruppe Gesellschaftsspiele. Memory war angesagt. Wir hatten wie immer sehr viel Freude beim gemeinsamen Spielen, und ich merkte, daß ich Schweißausbrüche bekam, wenn er mich ansah.

Während des Aufenthaltes in der Klinik sollte ich auch einen anderen Menschen kennenlernen. Renate war eine etwas verwirrte Mitpatientin, die dringend meine Hilfe brauchte. Warum sie verwirrt war, sollte sich später herausstellen. Renate und ich verbrachten einen gemeinsamen Nachmittag mit Spielen im Gemeinschaftsraum. Ich wußte, daß uns irgend etwas verbindet. Meine innere Stimme sagte mir: höre ihr zu und hilf ihr. Und so war es auch. Eines Morgens kam sie sehr traurig zu mir und meinte, sie hätte sich mit ihrem Ralf, ihrem Lebensgefährten, gestritten, weil sie über 20 Medikamente am Tag nehmen mußte und er es als richtig empfand, obwohl Renate dagegen war. Sie wußte nicht mehr ein noch aus. Völlig durch den Wind und den Tränen nahe, fragte sie mich, was sie tun sollte, weil sie keine 20 Tabletten mehr am Tag nehmen wollte.

Ich wurde wütend auf die Ärzte und ein wenig auf Ralf. Das beeindruckte sie wohl und sie bat mich, ihren Ralf anzurufen, um ihm plausibel zu machen, daß die Medikamentendosis doch zu hoch sei. Kurz erläutert: Ralf war ihr Vormund, deswegen hatte er auch Entscheidungsbefugnis. Etwas nervös, aber dennoch entschlossen griff ich zu ihrem Handy und rief ihn an. Ich konnte ihn überzeugen, daß es so nicht weiterging. Renate war so glücklich, daß sie fast weinte. Danach schrieb ich ihr auf ihre Bitte hin noch einige Sätze für die Ärzte auf, die sie bei der nächsten Oberarztvisite ansprechen wollte. Sie hatte immer schreckliche Angst, sich zu äußern. Die Visite kam, und alles war gut danach. Ihre Angst war weniger geworden, und die Medikamente wurden in ihrer Dosis verringert. Von da an wurde sie mir eine enge Vertraute. Renate gehörte zu den Menschen, die sehr Gottverbunden waren. „Gott sagte mir, ich soll dich um Hilfe bitten", sagte sie mir nach einigen Stunden des Telefonates mit Ralf. Das freute mich ungemein. Benny und ich kamen immer mehr ins Gespräch und spielten, soweit das Herbstwetter es noch zuließ, Tischtennis. Eines Tages sagte er mir, er hätte nur ein paar Minuten Zeit zu spielen, da er noch in die Kapelle wollte. Okay, dachte ich. Ich war schon seit gefühlten 100 Jahren nicht mehr in der Kirche gewesen, das letzte Mal auf einer Beerdigung. Kapelle hin oder her, mein Ego wollte nicht akzeptieren, daß es in die Kapelle wollte, und ich wurde mißmutig, traute mich aber andererseits nicht zu fragen, wo die Kapelle sei oder ob ich mitkommen durfte. So ließ ich ihn ziehen und sah ihn erst am nächsten Mittag wieder.

Leider ging es Benny an diesem Tag nicht besonders gut, so daß die Zeit nur für eine kurze Unterhaltung blieb. Ich war mitunter so verwirrt, daß ich völlig vergaß, daß wir ja nun mal in einer Klinik waren und nicht im Spa-Hotel oder Ähnliches. Zum Glück hatte Renate an diesem Tag gute Laune und wir gingen etwas spazieren. Da ich unbedingt wissen wollte, wo diese Kapelle ist, fragte ich sie, wo sie sei. Sie zeigte mir die Krankenhauskapelle, ein sehr kleines, aber hübsches Kapellchen war das.

Ich fühlte auf Anhieb die mächtige Atmosphäre an diesem Ort, und mein Herz mache Freudensprünge. Vor einem Marienbild hielten wir inne, zündeten eine Kerze an, und Renate legte plötzlich ihre Hand auf meinen Rücken. Eine Energie durchströmte mich, die sich warm und klar anfühlte. Ich sah sie fragend an. „Ich habe dir etwas Reiki gegeben", antworte sie auf meinen fragenden Blick. „So ein Zufall", meinte ich. „Das habe ich auch gelernt." Wir sprachen über unser Anderssein und tauschten Kindheitserfahrungen aus. Sie käme von der Venus und wollte als Kind immer unsichtbar sein. Das kam mir bekannt vor, und so wuchs das Vertrauen immer mehr. Ich fand es überhaupt nicht befremdlich, als sie mir das erzählte, denn ich wußte ja, daß ich auch keine Erdenseele war.

So fand ich eine Verbündete und fühlte mich im Krankenhaus nicht ganz so fremd oder andersartig. Es tat gut, endlich mal jemanden zu haben, mit dem man sich austauschen konnte. Ich wußte von da an, daß ich nicht allein bin. Ich hatte bisher nämlich immer nur im Geiste mit den Engeln gesprochen. Die gaben mir Führung, indem sie mich im Internet recherchieren ließen, wo ich einiges über Sternenmenschen, Indigoseelen bzw. Erdenengel nachlesen konnte. Das brachte mich erst mal weiter, beruhigte mich aber nicht, weil ich ja niemanden zum Reden hatte.

(Jeder Erdenengel kennt bestimmt das Gefühl, mit niemanden über sich selbst reden zu können, weil man Angst bekommt, für verrückt gehalten zu werden. Deshalb hielt ich damit auch immer hinterm Berg. Aber die Erdenengelseelen erkennen sich schnell, weil da sofort ein Gefühl des Vertrauens und ein Gefühl von Heimat ist.)

Eines schönen Abends saßen Benny und ich draußen auf unserer Bank. Ihm ging es sehr schlecht, und ich hatte das dringende Bedürfnis, ihm zu helfen. Es war ein regelrechter Zwang, für ihn was zu tun. Er erzählte mir von dem Grund, warum er in der Klinik war. Er litt schon seit vielen Jahren an Depressionen und war Borderline-Patient (Borderline ist eine psychische Störung, wo der Betroffene sich selbst Verletzungen zufügt oder sich umbringen will). Er zeigte mir seine Narben, und mein Herz zersprang fast vor Mitgefühl. Ich hatte einen Kloß im Hals. Ich fragte die Engel, was ich tun könnte und bekam immer die Antwort: lege ihm die Hände auf. Ich hatte extreme Berührungsängste, konnte aber nicht anders, als ihm es anzubieten. Er willigte erstaunlicherweise sofort ein, und ich begann mit der Energiearbeit. Anscheinend genoß er es, und ich beruhigte mich wieder einigermaßen. Nach der Reiki-Gabe bedankte er sich bei mir und war sichtbar besser gelaunt. Als wir da so saßen und noch ein bißchen redeten, wurden wir beobachtet. Renates Zimmer war nämlich genau über der Bank, auf der wir saßen. Sie sah uns wohl durch das darüber liegende Fenster. So kam es, daß sie mich am anderen Tag zur Seite nahm und mir einen Brief in die Hand gab. Als ich ihn las, mußte ich fast weinen, weil der Brief so schön geschrieben war. Sie schrieb:

„Zwei Herzen, so schön, euch da auf der Bank sitzen zu sehen. Ich finde, daß jeder Mensch ein Geschenk in sich trägt. Je offener die Begegnung, desto schöner das Zusammensein. Wir alle sind grundsätzlich gute Wesen. Menschen sind eigentlich Saphire, die im Inneren viel Licht ausstrahlen. Die brennenden Herzen erlischen nie. Wir können jederzeit neu anfangen. Es liegt nur an uns selbst. Lieben Gruß Renate"

Ich dachte, das kann kein Zufall sein, das muß göttliche Fügung sein. So bekam ich also ein zweites Mal eine Bestätigung für mein Gefühl. Gleich am selben Tag noch schlich ich mich in Renates Zimmer, um ihr für den Brief zu danken und mit ihr über mein Herzeleid zu sprechen. Ich fragte sie, woher sie es wußte, da verriet sie mir, daß sie uns beobachtet hat und ihr spontan einfiel, mir einen Brief zu schreiben. Sie meinte, daß sie es schon länger geahnt hat mit uns beiden, weil wir so viel Zeit miteinander verbrachten. Die Zeit, die ich zuvor ihr gewidmet hatte. Sie hatte Verständnis. Ich umarmte sie dankbar und ging zufrieden ins Bett.

Am nächsten Tag ging erstmal alles wieder seinen gewohnten Gang mit Therapien etc. Die letzte Therapie, die ich an diesem Tag hatte, war Ergotherapie, danach hatte ich „frei". Ich setzte mich vor Bennys Zimmer, wo eine Sitzgelegenheit für Patienten und Besucher war, und spielte mit meinem Handy, als plötzlich die Zimmertüre aufging und Benny mit Jacke und Straßenschuhen herauskam. Ich nahm meinen Mut zusammen und fragte ihn, ob er Tischtennis spielen wolle. Doch er war aufbruchsbereit, weil er zu seiner Mutter fahren wollte. Dennoch nahm er sich ein paar Minuten und setzte sich neben mich. Nach kurzer Unterhaltung nahm er mich in den Arm und gab mir einen Kuß auf die Wange. Was war das?, dachte ich. Mein Herz machte einen Salto, und er ging den Flur hinunter Richtung Ausgang mit den Worten: „Bis heute Abend."

Wie vom Blitz getroffen saß ich noch eine Weile dort und spürte der sanften Berührung des Kusses nach. Immerhin nahmen nach diesem Ereignis die Zweifel ab. Als Benny am Abend zurückkam, gingen wir kurz vor die Tür, um wie so oft eine zusammen zu rauchen. Meist blieb es aber nicht bei einer Zigarette. Nach kurzer Zeit kam auch Renate raus und gesellte sich zu uns. Mit einem Funkeln in den Augen sah sie erst mich und dann Benny an. Ich wußte Bescheid, sie sah mehr als ich. Benny erzählte an diesem Abend, daß er eine schamanische Ausbildung hatte. Das wunderte mich nicht. Ich war dankbar, daß ich endlich mehr über Spirituelles reden konnte. Das taten wir bisher nämlich nicht. So konnte ich mich mehr öffnen und endlich mit offenen Karten spielen. Ich sagte ihm, daß ich ein Sternenmensch sei und er auch von woanders käme. Er war nicht überrascht, sondern stimmte zu, denn eine Heilerin hatte ihm das auch schon einmal gesagt. Es wurde von Tag zu Tag interessanter. Wer hätte das gedacht. Und das unter den Umständen, zumal ich ja nicht wirklich fit war. Aber ich fühlte mich zu der Zeit so.

Ich war so dankbar für die Erfahrungen und Begegnungen, daß ich im Krankenhaus begann, jeden Abend intensiv zu beten und Gott zu danken für all die Wunder, die geschahen. Denn für mich waren es Wunder. Wie ein Puzzle kam das eine zum anderen wie aus Zauberhand.

Dann geschah irgendwie alles ganz schnell. Benny erzählte im Krankenhaus, daß er am 5. Oktober Geburtstag hat. Ich wartete ab, bis ich ihn auf dem Flur abfangen konnte, und umarmte ihn zu seinem Geburtstag. Er hielt mich so fest an sich gedrückt, daß ich dachte, er läßt mich nie mehr los. Er freute sich wie ein kleines Kind. Am Nachmittag nach seiner letzten Therapiestunde ging er zu seiner Mutter. Sie wollten griechisch essen gehen zur Feier des Tages. Bevor er ging, drückten wir uns noch mal herzlich, und ich wünschte ihm viel Spaß. Die Zeit seiner Abwesenheit nutzte ich, um mit Renate zu reden und in die Kapelle zu gehen. Ich offenbarte ihr meine Gefühle zu Benny und schüttete mein Herz aus. Sie beruhigte mich und versprach mir außerdem, unser Gespräch für sich zu behalten. Ich wollte nach dem Gespräch mit Renate allein sein. Die Stunden, in denen er nicht da war, verbrachte ich auf meinem Zimmer mit Beten und Meditieren. Ich betete, daß ein Wunder geschehen sollte. Denn ich wünschte mir nichts sehnlicher, als mit ihm zusammenzukommen und ich mußte ständig an die Seelenpartnerkarte der Engel denken, die ich im Engelorakel schon so lange zuvor immer wieder gezogen hatte.

Nach einiger Zeit des Wartens ging ich kurz an die frische Luft, um ihm entgegenzulaufen, doch wie versteinert stand ich da vor der Tür und konnte mich vor Schock nicht mehr bewegen. Wen sollte ich da sehen? Tatsächlich stand Renate mit Benny draußen und sie sprachen miteinander. Vielmehr war es Renate, die scheinbar auf ihn einredete, denn er nickte nur nachdenklich. Ich konnte nicht hören, was sie besprachen, doch ich wußte sofort, was es war. Wut kam hoch und Enttäuschung, außerdem schämte ich mich. Es war wie in der Grundschule nach dem Motto: ich schicke meine beste Freundin zu dem Jungen, den ich mag. Wutentbrannt ging ich wieder hinein und wartete auf Renate, um sie abzufangen. Bloß nicht zu Benny, dachte ich.

Mir gelang es, Renate alleine zu sprechen, und ich fragte sie, was sie ihm erzählt hätte. Ohne Ausdruck von Reue berichtete sie mir, daß alles gut sei und sie ihm nur ein wenig auf den Zahn gefühlt hätte. Er würde aber draußen auf mich warten, weil er mit mir reden wollte. Warum in Gottes Namen sollte er mit mir reden wollen, wenn sie doch angeblich nichts gesagt hat? Ich bohrte noch mal nach, und sie versicherte mir, daß ich nichts zu befürchten hätte. Gott hätte ihr gesagt, daß es in Ordnung ist, wenn sie uns ein wenig hilft. Mit zitternden Beinen und gar nicht mehr freudig auf seine Rückkehr ging ich hinaus. Zeitdruck war das Geringste, was ich hatte. Gemütlich schlenderte ich Richtung Schicksal. Als er mich sah, lachte er. Das war eine Bestätigung für mich, daß es halb so schlimm war. Kurze Umarmung, kurzes verkrampftes „Hallo" und wir gingen ein Stück gemeinsam, schweigend. Bis er fragte, ob wir uns hinsetzen könnten, weil er mir was sagen wollte. Diesmal sollte es eine andere Bank sein, wo wir uns niederließen. Inmitten von grüner Idylle wartete ich etwas nervös auf den Gesprächsbeginn. Nach der ersten Zigarette, die wir schweigend rauchten, bekam ich mit, daß er ganz schön unter Strom stand. Ich fragte ganz unschuldig, warum er so nervös sei. Er begann wie ein Wasserfall von dem Essen mit seiner Mutter zu erzählen und meinte, da wäre aber noch ein anderer Grund, warum er mit mir reden wollte. AHA, sagte ich. Was denn? Natürlich wußte ich, was kam, aber ich versuchte, mir nichts anmerken zu lassen. So kam der große Moment der Wahrheit. Er mag mich wirklich sehr gern und würde mich gern küssen. Er hat natürlich noch mehr gesagt vor der Sache mit dem Küssen, aber ich weiß leider nicht mehr, was es war. Mein erster Seelenpartnerkuß. Es fühlte sich phantastisch und einfach nur richtig an. Seit Jahren hatte ich diesen Moment ersehnt. Wie zwei frisch verliebte Teenager saßen wir lange noch an diesem Abend auf der Bank. Das alles, was an dem Tag geschah, sollte nicht einfach hingenommen werden, also beschlossen Benny und ich, den Tag in der Kapelle abzuschließen, um Gott und den Engeln für dieses Wunder zu danken. Gemeinsam beteten und dankten wir vor dem Marienbild der geistigen Welt und zündeten mehrere Kerzen an. Ich fühlte mich wie neu geboren, und die Depressionen schienen wie weggeblasen.

Nun war ich offiziell kein Single mehr. Am Morgen darauf frühstückten wir gemeinsam an einem Tisch und grinsten uns in den Bart. Hand in Hand gingen wir im Krankenhaus und auf dem Gelände spazieren – natürlich nur, wenn wir allein und unbeobachtet waren, denn unsere größte Angst war es, erwischt zu werden. Wir waren ja schließlich im Krankenhaus zur Behandlung und nicht in einem Clubhotel. Ein Abenteuer war das. Nach dem Abendbrot verabredeten wir uns in der Kapelle. Er fragte mich, ob ich ihn in jener Nacht auf seinem Zimmer besuchen wollte, denn er sei allein, weil sein Zimmergenosse über Nacht zu Hause bei seiner Frau sei. Zögernd, aber von Glücksgefühlen berauscht, sagte ich zu, nach den Nachtmedikamenten zu ihm auf sein Zimmer zu kommen. Nach ordnungsgemäßer Nachtmedikation legte ich mich in mein Bett und wartete also, bis meine Zimmergenossen schliefen. Das erkannte ich wie erwähnt an dem Geschnarche. Auf Socken und voller Adrenalin ging ich um ca. 23.00 Uhr über den Flur zu seinem Zimmer, huschte hinein und war stolz auf meinen Mut. Was dann passierte, brauche ich, glaube ich, nicht zu erwähnen. Wir witzelten noch darüber, was wohl die Schwestern sagen würden, wenn sie uns am nächsten Morgen zusammen in einem Bett liegen sehen würden. Ich wollte nicht bis zum nächsten Morgen warten und bestand darauf, noch in derselben Nacht wieder auf mein Zimmer zu huschen. Doch so einfach sollte es nicht sein.

Nach dem sinnlichen Vergnügen lagen wir ineinander verschlungen eingekuschelt im Krankenhausbett. Mein inneres Warnsystem machte sich auf einmal bemerkbar und drängte mich, sofort zu gehen – was ich nicht tat, denn es war zu schön in diesem Moment. Plötzlich wurde die Türe aufgerissen und das nicht sehr romantische Neonlicht angeschaltet. Erbarmungslos und völlig aufgebracht schrie die Nachtschwester ihr Entsetzen in das Zimmer. Scheiße, dachte ich. Jetzt weiß die Nachtschwester, wie du nackt aussiehst, waren die ersten Gedanken, die mir durch den Kopf schossen. So ein Unfug. Was ist mit den Konsequenzen? Ich könnte auch rausfliegen. Voller wirrer Gedanken wurde ich wieder in mein Zimmer gebracht und ins Bett geschickt. Den Tränen nahe sagte ich ihr, als sie mich noch mal kurz besuchte, daß es mir Leid täte und so etwas bestimmt nicht mehr vorkommen würde. Das hat keinerlei Konsequenzen für Sie, versprach sie mir und meinte, sie müsse es aber im Team besprechen und außerdem dem Oberarzt melden. Toll, dachte ich, peinliche Situation. Aber in dem Moment war mir das schnuppe. Weil der Abend einfach zu schön war.

So fühlte sich also Sex mit dem Seelengefährten an. Ist schon was anderes als mit „Fremden". Meine Energie schien immer weiter anzusteigen, und plötzlich wurde auch meine Intuition und meine Kommunikation mit der geistigen Welt stärker. Am nächsten Morgen war es mehr oder weniger offiziell, daß wir ein Paar waren. Ich merkte sofort die Veränderung der Mitpatienten. Also wurde es scheinbar doch nicht so vertraulich behandelt. Vielleicht war auch unser Verhalten zu offensichtlich.

Jedenfalls wurde ich an diesem Tag höflich vom Oberarzt und vom Stationsarzt zum Gespräch unter sechs Augen gebeten. Es war klar wie Kloßbrühe, was kommen würde. Mitfühlend und verständnisvoll wurde ich nicht zur Rede gestellt, sondern mir wurde eine Option aufgedrängt, auf eine andere Station zu wechseln – zum Wohle der Genesung, versteht sich. Ich war entsetzt, aber dankbar zugleich, nicht rausgeworfen zu werden. Also ging ich geknickt und demütig auf mein Zimmer, um meine Siebensachen zu packen. Ich gab Benny noch schnell meine Telefonnummer, und dann kamen auch schon die Pfleger, um mich zwei Stationen höher zu bringen.

Ich wurde freundlich aufgenommen und fühlte mich dort wohl, komischerweise, trotz der Trennung von Benny. Ich genoß die Ruhe, die ich dort mehr hatte als unten auf der Station – zumal meine Zimmergenossen nicht schnarchten und auch ohne Licht schliefen. So vergingen die Tage. Jeder Tag spielte sich ungefähr gleich ab. Mit der Zeit veränderte sich auch mein Gefühl zu Benny. Irgend etwas in mir hielt mich zurück, ihn so oft zu sehen, denn wir trafen uns zwischendurch immer im Park oder gingen zusammen in die Kapelle. Doch das fühlte sich mittlerweile nicht mehr gut an, etwas in mir sagte deutlich: „Halte Abstand!" Doch das Ego wollte natürlich was anderes, und wir trafen uns eines Tages wieder unten vor der Tür. Da merkte ich es noch deutlicher. Mir wurde regelrecht schwindelig, und mein Herz zog sich zusammen. Ich fragte meine innere Führung, und sie sagte wieder: „halte Abstand." Benny fühlte sich in meiner Gegenwart auch unwohl, und wir beschlossen, uns erst mal ein paar Tage lang nicht zu sehen. Ich verbrachte die Zeit mit anderen Patienten auf meinem Zimmer und fühlte mich seltsamerweise richtig gut. Ich fühlte mich befreit, als wäre eine Last von mir genommen worden. Obwohl wir ja offiziell noch ein Paar waren, wollte etwas in mir ihn nicht sehen. Ich fühlte eine Art von Unbehagen. Nach einiger Zeit schellte mein Handy und Benny wollte mich sehen. Er klang sehr ernst, und ich ahnte, was kommen würde. Betroffen ging ich zu ihm, wo wir uns immer trafen. Ich sah ihm direkt an, was er mir so wichtiges sagen wollte. Er machte also Schluß, und ich war noch nicht mal am Boden zerstört, obwohl ich es schade fand. So zog jeder seines Weges. Bis zu seiner Entlassung sahen wir uns auch nicht mehr. Er wurde im November entlassen. Wir beschlossen, noch Kontakt zu halten und Freunde zu bleiben. Obwohl ich froh über die Situation war, fühlte ich mich schlecht. Es war, als wäre etwas von mir genommen worden. Ich mußte noch einige Wochen danach im Krankenhaus bleiben. Dann, nach 17 Wochen, wurde ich total unruhig und wollte nur noch da weg. Also sprach ich in der Visite mit den Ärzten und wurde prompt nach weiteren zwei Tagen entlassen. Ich war froh, wieder zu Hause bei meinen Katzen zu sein. In meiner Wohnung fühlte ich mich zwar immer noch nicht so wohl, aber ich beschloß, jetzt mehr für mich zu tun und mich mehr meinem spirituellen Weg zu widmen. Ich war zwar nicht geheilt, dennoch fühlte ich mich wesentlich besser als vor dem Krankenhausaufenthalt. Die Panikattacken waren nicht mehr so schlimm, und ich bekam auch durch meine Schwester ziemlich schnell einen Psychotherapeuten.

Sicherlich kullerte es noch in meinem Kopf, aber ich lernte immer mehr zu akzeptieren, daß ich ja nun mal Depressionen hatte. Wahrlich, im Krankenhaus wurde es mir erst mal bewußt, was ich mir eigentlich die letzten Jahre angetan hatte. Es war also an der Zeit, sich ernsthaft Gedanken zu machen. Ich fragte meine innere Führung und begann, wieder mehr mit meinem Schutzengel zu sprechen, den ich schon so lange ignoriert hatte. Der Engel und meine innere Stimme antworteten prompt. Ich hörte immer wieder: Kümmere dich um dich selbst! So kam es, daß ich Zeit mit mir selbst verbrachte. Das empfand ich als angsteinflößend und sehr langweilig. Nach einigen Tagen bekam ich einen Anruf von Benny. Er fragte, was mit meinem Geburtstag sei, denn ich hatte ihn seinerzeit im Krankenhaus gebeten, zu meinem Geburtstag zu mir zu kommen. Ich wollte, daß nur er zu mir kam. Da ich zu Weihnachten Geburtstag habe, wollte ich auch nicht allein sein. Er versprach mir, zu kommen, und ich freute mich.

Zwei Tage vor meinem Geburtstag freute ich mich wie ein kleines Kind. Ich konnte vor Vorfreude kaum schlafen, weil ich endlich mal einen Geburtstag nach meinen Wünschen feiern wollte – ohne Aufregung und Familie. Dann war es so weit. Am 25. Dezember wachte ich morgens schon mit einem komischen Bauchgefühl auf, konnte es aber nicht erklären. Silvia, eine damalige Mitpatientin, überraschte mich morgens mit einer leckeren Schokoladentorte und brachte mir ein kleines Geschenk. Während des Genusses der Schokotorte bekam ich einen Anruf Benny rief an und teilte mir mit, daß er krank sei und nicht kommen konnte. Ich wollte meinen Ohren nicht trauen und hielt es für einen schlechten Scherz.

Doch es war leider wahr. So verbrachte ich meinen 37. Geburtstag mutterseelenallein. Es sollte wohl so sein, dachte ich und war froh, als der Tag vorbei war. Benny kam dann am 1. Januar nach Silvester zu mir, und wir holten den Geburtstag nach. Die Gefühle zu ihm waren noch nicht abgestorben, und ich fühlte mich irgendwie wieder zu ihm hingezogen. Ihm ging es ähnlich, aber mehr auf sexuelle Weise. Doch das machte mir nichts. Hauptsache, ich bin nicht allein, redete ich mir ein. So ging es einige Zeit hin und her. Irgendwie wollte ich das Ganze Gefühlswirrwarr nicht mehr so hinnehmen und mußte der Sache auf den Grund gehen. Ich wollte unbedingt verstehen, was los ist mit uns. Warum können wir nicht ganz normal zusammen sein wie andere Paare auch? So kam es, daß ich mich mal wieder auf die Suche begab. Im Internet fand ich dann ein Engelmedium, das persönliche Botschaften von der geistigen Welt übermittelt bekam. Da ich sowieso schon immer meinen Daseinszweck auf Erden verstehen wollte und auch meine wirkliche Herkunft mich sehr interessierte, schrieb ich die nette Dame also per Mail an und bat sie, für mich eine Botschaft zu channeln und mich auch in Sachen Benny aufzuklären. Da ich es sehr dringlich machte und ich sowieso eher ungeduldig bin, bekam ich die Botschaft schon nach zwei Tagen. Eigentlich stand in der Botschaft, was ich eh schon immer gefühlt habe bzw. innerlich wußte. Du bist ein Erdenengel hier auf Erden, um den Menschen zu helfen. Ein Sternenwesen, das die Orientierung verloren hatte und nun aufgrund der Arbeit Depressionen hat, weil es so lange gegen sein wahres Wesen gekämpft hatte und ignoriert hatte, was eigentlich wirklich zählt. Als ich die Zeilen las, überkam es mich, und ich mußte bitterlich weinen, als ob die Seele sagen wollte: „Endlich verstehst du mich, was ich ertragen mußte." Ich habe lange nicht mehr geweint, konnte es nie, aber damit war der Bann gebrochen, und ganze 20 Minuten schrie ich vor Seelenschmerz. Danach fühlte ich mich besser und beschloß, in Zukunft mehr auf die Seele zu hören. Zum Thema Benny bekam ich folgende Botschaft: Wir kennen uns aus früheren Leben und haben uns irgendwie als helfende Seelen immer gegenseitig unterstützt. Obwohl in diesem Leben wohl die Unterstützung hauptsächlich von meiner Seite kam. Toll, dachte ich, also keine klare Antwort, was aus uns wird. Aber ich freundete mich erst mal mit der Aussage an.

Nach einiger Zeit und ein paar Treffen kamen Benny und ich irgendwie wieder zusammen. Ich war einerseits happy, aber andererseits machte sich wieder ein ungutes Gefühl in mir breit, was mir mitteilen wollte, daß etwas nicht stimmig ist. Und so sollte es auch kommen. Wir waren an einem Tag zusammen in der Stadt verabredet und gingen in die Kirche. Dort teilte er mir mit, daß er nicht mit mir zusammen sein konnte. Er hätte die Nacht zuvor eine Vision gehabt, wo Gott zu ihm sprach und ihm sagte, er solle sich von mir trennen. Ich war mal wieder nicht erschüttert, als ich das hörte, und sagte ihm, daß es ok sei. Ich ahnte es ja schließlich schon zuvor, daß etwas nicht stimmte. Er weinte bitterlich und war fertiger als ich. Wir versprachen mal wieder, Freunde zu bleiben, aber wollten erst mal nicht, daß wir uns sahen. Als ich an dem Tag nach Hause kam, fühlte ich mich erst recht Scheiße. Ich konnte es einfach nicht verstehen. Langsam hatte ich die Nase voll und ich entschloß, mich mehr um mich zu kümmern. Ich surfte etwas im Internet, um zu schauen, welche Ausbildung oder Weiterbildung ich wohl machen könnte in Zukunft. Da in der gechannelten Botschaft auch stand, daß ich eine Heilerin sei, wollte ich unbedingt diesen Bereich vertiefen und mich ausbilden lassen als Engelmedium.

Mein Gefühl sagte mir, daß es das richtige ist, und mein Herz machte Freudensprünge, als ich nur daran dachte. Gutes Zeichen, dachte ich. Also fand ich, wie Gott es wohl wollte, eine spirituelle Heilerin, die sich auch mit Schamanismus beschäftigte. Wir machten einen Termin aus, und nach sieben Tagen war es dann soweit. Karin, so hieß die Heilerin, machte einen sehr netten und offenen Eindruck auf mich. Wir sprachen kurz über die Ausbildung, bis sie mich fragte, was ich vorher gemacht hätte. Ich erzählte ihr von der Arbeit und der daraus entstandenen Depression. Sie merkte sofort, daß es mir nicht gut ging und bat mich auf ihre Liege.

Etwas verwirrt lag ich nun dort und wartete, was passierte. Mit seltsamen Handbewegungen hantierte sie über meinem Schritt, dann arbeitete sie sich immer höher bis zu meinem Kopf hervor. Währenddessen wurde mir bewußt, daß sie an meinen Chakren arbeitete. Nach einer halben Stunde ging es dann etwas besser, und ich fühlte wieder Energie fließen. Ich brauchte während der Sitzung nicht viel sagen, denn die Dame wußte genau, was mit mir los ist. Mitfühlend sah sie mich an und meinte: „Du hast vor kurzem deine große Liebe verloren!" Ich zuckte zusammen, sah sie an und sagte kleinlaut „Ja". Dann kullerten auch schon die Tränen, und ich erzählte ihr von meinem Seelenpartner Benny. Er wäre noch nicht so weit, sich auf mich einzulassen, meinte sie, da er zu viel Angst hätte. Ich stimmte ihr zu und fühlte mich nur mies. Die Gedanken kreisten wieder nur um

Benny, obwohl ich dachte, mit dem Thema abgeschlossen zu haben. Sie gab mir noch ein paar gute Tips mit auf dem Weg, und ich freute mich auf dem Weg nach Hause schon auf die nächste Sitzung mit ihr.

Zu Hause kam ich wieder ins Grübeln. Grübeln ist eine schlechte Angewohnheit von mir – das sagte mir auch Karin. Ich nahm aber ihre Tips an und reinigte täglich meine Chakren und sprach jeden Abend im Bett mit meinem Schutzengel das Vaterunser. Das half, und ich fühlte mich gleich besser und mit Gott verbunden.

Da Benny und ich ja ausgemacht hatten, gute Freunde zu bleiben und wir uns trotzdem weiterhin unterstützen wollten, erzählte ich ihm voller Begeisterung von meiner Sitzung bei Karin. Im Hinterkopf hatte ich ständig gebetet, daß er auch ihre Hilfe in Anspruch nehmen sollte. Ich sprach mit meinen Engeln und bat sie, ihm zu sagen, er solle auch dorthin gehen. Das half. Wie erhofft rief er mich am nächsten Tag schon an und sagte mir, er wolle sich auch helfen lassen. Ich freute mich total – erstens für ihn und zweitens natürlich für mich, denn meine Seele sehnte sich noch immer nach ihm. Obwohl mein Verstand „Nein" schrie. Dann war es so weit, daß Benny auch seinen Termin wahrnahm. Ungeduldig wartete ich auf seinen versprochenen Anruf nach der Sitzung. Dann klingelte endlich das Handy: „Hier grüßen Benny und Anastasia", tönte es aus dem Hörer. Fragezeichen taten sich auf. Dann erkläre er mir, daß Anastasia sein Krafttier hieß – was Karin ihm in einer schamanischen Reise eingehaucht hatte. Er klang so fröhlich am Telefon. Das machte mich wiederum auch glücklicher. Benny hatte schon den nächsten Termin in der Tasche und war regelrecht begeistert. Ich freute mich natürlich auch auf meine nächste Sitzung. Zwischendurch haben wir uns rein freundschaftlich getroffen und gingen gemeinsam spazieren oder einkaufen.

Dann war es so weit, die zweite Sitzung stand vor der Tür. Diesmal wurden alle karmischen Verstrickungen gelöst, die mir nicht mehr guttaten. Es kam heraus, daß Benny und ich in früheren Inkarnationen schon mal zusammen waren. Zur damaliger Zeit war er wohl nicht so freundlich zu mir, denn er hatte mich wohl lebendig begraben, weil er geisteskrank war und total eifersüchtig. Das erkläre natürlich auch, weshalb ich mich in letzter Zeit in seiner Nähe nicht so wohl fühlte. Jedenfalls wurden alle alten Wunden geheilt, und danach ging es besser. Das machte sich auch bei unserem nächsten Treffen bemerkbar. Plötzlich fühlte ich mich wieder mehr zu ihm hingezogen bzw. die Seele.

Als Benny seine zweite Sitzung hinter sich hatte, war er wie ausgewechselt. Er wirkte kraftvoller und viel selbstsicherer. Als wir wieder einmal zusammen spazieren waren, grinste er mich die ganze Zeit an und meinte: „Ich weiß mehr als du, wirst schon sehen." Ich wußte, was er damit meinte – und bekam Angst oder mein Ego bekam Angst. Ich zog zur Sicherheit eine Engelkarte aus meinem Orakel, weil ich es nicht zulassen wollte. Ich wehrte mich vehement gegen ihn. Doch die Engel gaben ihm wohl Recht, Amors Pfeil in Form der Karte kam zweimal hintereinander. Meine Gefühle rebellierten. Er meinte nur: „Ich gebe dir die nötige Zeit, die du brauchst. Alles kommt anders, als du denkst." Und er sollte Recht behalten ...

# Bewerten Sie dieses Buch auf unserer Homepage!

www.novumverlag.com

# Die Autorin

Esther Butwil wurde 1977 geboren. Sie machte eine Ausbildung als Floristin, später arbeitete sie als Vertriebsassistentin in einer Werbeagentur und in der Medienberatung. Nach langjährigen beruflichen Enttäuschungen und Irrgängen beschloss sie, etwas Gutes für Menschen zu tun, die Hilfe und Informationen brauchen, um ihren Weg zu verstehen und angstfrei weitergehen zu können. Aus diesem Anliegen heraus entstand ihr Erstlingswerk „Mein Leben als Indigoseele".
Neben dem Schreiben liest die Autorin viel, ist draußen in der Natur und fährt gerne Fahrrad.

# Der Verlag

**novum** 🐄 VERLAG FÜR NEUAUTOREN

> *Wer aufhört*
> *besser zu werden,*
> *hat aufgehört*
> *gut zu sein!*

Basierend auf diesem Motto ist es dem novum Verlag ein Anliegen neue Manuskripte aufzuspüren, zu veröffentlichen und deren Autoren langfristig zu fördern. Mittlerweile gilt der 1997 gegründete und mehrfach prämierte Verlag als Spezialist für Neuautoren in Deutschland, Österreich und der Schweiz.

**Für jedes neue Manuskript wird innerhalb weniger Wochen eine kostenfreie, unverbindliche Lektorats-Prüfung erstellt.**

Weitere Informationen zum Verlag und seinen Büchern finden Sie im Internet unter:

www.novumverlag.com